VOYAGE

DE

M. LE PRÉSIDENT DE LA RÉPUBLIQUE

EN ALGÉRIE

VISITE DU SAHEL

GUYOTVILLE — CHÉRAGAS — EL-BIAR

NOTICE SOMMAIRE

GOUVERNEMENT GÉNÉRAL DE L'ALGÉRIE

1903

LE SAHEL D'ALGER

Alger est adossé à un massif de côteaux portant le nom de Sahel d'Alger.

Constitué par de courts chaînons, nombreux et entre-coupés, atteignant des hauteurs variant de 150 à 400 mètres, le Sahel d'Alger est resserré entre la mer et la plaine de la Mitidja. Il dévale assez brusquement vers le rivage méditerranéen, tandis que du côté de la plaine, ses étages s'abaissent en pente douce.

D'un climat tempéré par la brise de mer, il ne connaît ni les hivers froids, ni les étés trop chauds.

Lorsqu'après le débarquement de Sidi-Ferruch, l'armée française se dirigea sur Alger, elle traversa la partie du Sahel voisine de la mer. Elle se fraya difficilement un passage sur cette terre qui était couverte partout d'épaisses broussailles, de lentisques, d'arbousiers, de diss et de palmiers nains. C'était une lande sauvage, sans chemins, sans trace de culture. La partie qui dominait la maréca-geuse Mitidja était dans le même état. On y rencontrait aussi des boisements de pins d'alep dont on trouve encore des témoins sur le bord de nos routes.

Ce n'est qu'aux environs immédiats d'Alger qu'existaient

Avant la conquête

des campagnes habitées par des Maures qui s'y livraient au jardinage.

Cette zone restreinte renfermait également les consulats.

L'occupation. Dès le début de la conquête, le Sahel bénéficia des travaux effectués par l'armée pour assurer les communications d'Alger avec l'intérieur de la Régence.

De même, il devint l'objet des premières entreprises de spéculations, des trafiquants attirés à Alger par les fournitures à faire aux troupes expéditionnaires.

Des domaines considérables que les acheteurs souvent ne voyaient même pas, furent acquis à des prix dérisoires. Les indigènes consentaient à s'en dessaisir d'autant plus facilement qu'ils espéraient bien pouvoir les reprendre, le jour où la guerre tournant à leur avantage forcerait les français à évacuer le pays.

Quelques exploitations furent mises en train, mais elles furent négligées ou abandonnées au bout de peu de temps.

Malgré les bornes restreintes dans lesquelles était confinée l'occupation française, la population civile d'Alger augmentait sensiblement. Elle ne comprenait pas seulement que des spéculateurs. Les nouveaux venus s'attaquaient au sol. La propriété changeait souvent de maître. On construisait, on cultivait, on songeait même à planter.

Le Gouvernement favorisait ce mouvement et octroyait des concessions. Dans l'année 1831, il divisait administrativement le Sahel d'Alger en dix communes rurales : Pointe-Pescade, Bouzaréa, Dély-Ibrahim, Mustapha, El-Biar, Birmandreis, Birkadem, Kaddous, Kouba, Douéra. Plusieurs restèrent longtemps plus nominales que réelles.

En 1836, l'Administration fit une tentative de colonisation officielle par villages.

Des émigrants allemands au nombre de cinq cents étaient arrêtés au Havre au moment où ils s'embarquaient pour l'Amérique. On leur fit changer de route et prendre celle de l'Afrique. Ils furent installés sur deux points voisins d'Alger : Dély-Ibrahim et Kouba où des maisons en torchis avaient été élevées à la hâte pour les recevoir. Ils ne purent y rester. Leur misère profonde et leur ignorance des travaux de la terre eurent vite fait de les disperser.

L'Administration les remplaça par d'autres familles plus aptes à tirer parti du sol qui leur avait été concédé.

Premier essai de colonisation officielle.

Les concessions attribuées étaient restreintes. Les lots n'avaient pas plus de quatre hectares. Nul ne pouvait en recevoir plus de trois, soit au maximum douze hectares. Le concessionnaire devait construire une maison sur un alignement donné, défricher et mettre en culture dans l'espace de trois années et par tiers au moins chaque année la totalité de son attribution. Il devait encore planter cinquante pieds d'arbres fruitiers ou forestiers. Enfin, il était tenu d'assainir par des fossés et des rigoles les parties noyées par des marécages.

Les concessions

En 1840, le maréchal Bugeaud entreprit avec ardeur l'œuvre de la colonisation.

Dans le Sahel, en particulier, il s'appliqua à développer son plan de colonisation qui comportait l'utilisation de divers éléments de peuplement.

C'est ainsi qu'il créa, dans l'espace de trois années, les villages d'El-Achour, Draria, Kaddous, Ouled-Fayet, Bouzaréa, El-Biar, Birkadem, Saoula, Chéragas, Staouéli,

La colonisation civile, militaire, maritime, religieuse.

Baba-Hassen, Crescia, pour les familles de cultivateurs débarqués à Alger dans le but d'obtenir des terres, ceux de Mahelma, St-Ferdinand, Ste-Amélie et Douéra, pour des militaires en activité ou dont la libération était prochaine, les centres côtiers de Sidi-Ferruch, Pointe-Pescade, Aïn-Bénian (aujourd'hui Guyotville) pour des pêcheurs.

En même temps, il favorisait l'établissement d'orphelinats religieux à Dély-Ibrahim et Ben-Aknoun et aidait l'Ordre des Trappistes à mettre en valeur la concession d'un millier d'hectares qu'il avait reçu à Staouéli.

Les villages militaires étaient peuplés de soldats comptant cinq ans de service et ayant encore deux années à accomplir pour atteindre leur libération.

On y recevait aussi des militaires libérés. Les célibataires étaient tenus d'aller prendre femme en France. Cette population était organisée en compagnie et commandée militairement. Le génie était chargé d'installer ces villages comme s'il s'agissait d'ouvrages de fortifications à l'intérieur desquels devaient s'aligner les maisons de colons bâties sur un plan uniforme.

Chaque famille recevait une maison et huit hectares de terres. Un attelage de bœufs devait servir à deux familles.

Ces soldats laboureurs allaient aux champs le fusil sur l'épaule et furent plusieurs fois inquiétés par les hardis cavaliers d'Abd-el-Kader.

Cette expérience ne donna pas des résultats bien satisfaisants. Mais, elle eût pour conséquence d'encourager et de protéger la colonisation privée qui s'étendait de plus en plus dans le Sahel.

L'œuvre des villages de pêcheurs eût encore moins de succès.

Elle avait pour objet, disait l'arrêté de création, « de nationaliser une industrie exploitée jusqu'ici par des étrangers et de former par suite une pépinière dont s'enrichirait le personnel de notre inscription maritime ».

La création d'Aïn-Bénian (Guyotville) avait été donnée à un entrepreneur qui s'était engagé à construire vingt maisons, à peupler ce centre de pêcheurs pris exclusivement parmi les français et les indigènes, à mettre en culture les terrains qui en seraient susceptibles, à établir un débarcadère et des ateliers pour la préparation de la sardine et la pêcherie de tous les poissons de grande pêche.

Ce concessionnaire ne tint pas tous ses engagements, pas plus d'ailleurs que celui qui avait l'entreprise des villages de Sidi-Ferruch et de la Pointe Pescade.

Les familles de pêcheurs ne résistèrent pas au désir de rentrer en France.

La mise en valeur du sol

Encore en 1850, si les périmètres restreints des centres créés étaient défrichés en grande partie, il n'en était pas de même des terres environnantes. Les broussailles compactes, les palmiers nains rendaient le défrichement des terres très onéreux.

D'un autre côté, le placement des produits était difficile. Les magasins militaires d'Alger ne pouvaient en recevoir qu'une quantité limitée. Il ne fallait pas songer à les écouler en France, puisque l'Algérie était, au point de vue douanier, considérée comme pays étranger ; on recommandait aux colons de pratiquer l'élevage du bétail et de la race chevaline. Ce n'est qu'en 1851 que l'assimilation douanière de l'Algérie à la France fut prononcée et ouvrit un débouché aux produits algériens.

De 1851 à 1871

De 1851 à 1871, le Sahel d'Alger voit son occupation consolidée, ses zones défrichées s'agrandir de plus en plus, ses plantations et les constructions rurales se multiplier et enfin son réseau de chemins se développer.

C'est la première phase de la transformation du sol. C'est l'époque de la culture des céréales et des plantes fourragères. Quelques rares petits vignobles sont créés, témoignant plutôt de la fantaisie d'un propriétaire amateur, que du travail d'un cultivateur avisé.

Mais à Chéragas, les colons entreprennent avec succès la culture des plantes à parfum, qui fit longtemps la fortune de ce centre.

Pendant cette période, les études géologiques permettent de déterminer la constitution du sol du Sahel.

Ce sol est constitué par le pliocène marin ou le miocène sahélien. A El-Biar et Dély-Ibrahim, les marnes sahéliennes sont souvent couronnées par les grès calcaires du pliocène marin. A Mustapha-Supérieur et à Birmandreis, les sommets sont formés par des grès calcaires et des calcaires à mélobésies. Aux environs d'Alger, on trouve un îlot de terrain cristallophyllien, formé de micaschistes gneiss, chistes, traversés par des roches éruptives.

Rien de plus varié que la constitution physique des terres du Sahel. Elles sont tantôt compactes, tantôt légères ou même sableuses. Les terrains légers ou sableux du littoral sont constitués par la désagrégation des grès à hélix. Les terres rouges argileuses ou siliceuses conviennent bien à la vigne. Les terrains argilo-calcaires sont préférables pour les céréales, mais ils occupent des superficies restreintes.

De même la composition chimique des terres est très variable, ce qui a permis au Sahel de fournir les productions les plus variées.

De 1871 à 1880

A partir de 1871, le Sahel rentre dans la deuxième phase de sa transformation. La culture de la vigne, ruinée dans la Métropole par le phylloxéra prend de l'extension en Algérie. Les côteaux du Sahel se couvrent de vignobles produisant des vins de choix très recherchés. Les rendements à l'hectare restent dans la moyenne, mais les vins obtenus sont riches en alcool et en couleur.

Tous les villages du Sahel deviennent des centres de production. Comme les expositions et la nature du sol varient à l'infini, les qualités des vins varient également.

C'est une source de fortune pour le Sahel dont les terres valent un prix de plus en plus élevé. Les propriétés rurales atteignent 4 ou 5.000 francs l'hectare.

De 1880 à 1903.

Alger, par ses progrès incessants est pour le Sahel bien plus qu'un simple port d'embarquement. Il devient un grand centre de consommation. Les environs devaient par suite trouver dans la culture maraîchère de beaux revenus. Les raisins précoces, les primeurs demandés sur les marchés par la clientèle riche commençaient aussi à être produits par les terres légères et sableuses en si grand nombre, notamment dans la région littoralienne.

Guyotville, où les habitants s'étaient mis à planter de la vigne, en présence des résultats excellents qu'ils avaient obtenus, produit, en 1880, le premier chasselas précoce.

Depuis, la culture des primeurs prend une extension considérable. Le perfectionnement des procédés agricoles marque la forme actuelle de la culture du Sahel. Rien n'est plus admirable que le travail effectué à Guyotville par la main de l'homme. L'épierrement laborieux des terres, la construction des murs abris avec les pierres extraites du sol, l'abri artificiel en roseau contre les vents de mer, l'abri végétal vivant avec le seigle semé entre les rangs de vigne, révèlent le soin apporté par le primeuriste algérien dans les cultures de cette nature.

Un hectare de chasselas peut donner jusqu'à 120 quintaux de raisins se vendant aux Halles de Paris de 65 à 120 francs le quintal.

Avec ses raisins de primeurs Guyotville fait de 2 à 3 millions d'affaires par an. On ne prévoyait pas lors de son échec comme village de pêcheurs, que, dans la suite, il devait atteindre un pareil degré de prospérité.

A Birkadem, à Birmandreis et sur d'autres points, la culture de la pomme de terre se répand rapidement.

Les primeuristes du Sahel ne visent pas seulement pour leurs débouchés le marché français. Ils font les plus louables efforts pour arriver à conquérir d'autres places à l'étranger. Déjà, ils sont arrivés à faire valoir leurs produits sur le marché de Berlin.

Il est juste d'ajouter qu'ils jouissent, au point de vue des transports, d'une situation privilégiée.

Les points les plus éloignés du Sahel ne sont qu'à quelques heures du port d'Alger. On voit l'appréciable avantage qui en résulte pour la cueillette des primeurs et leur expédition par les paquebots à marche rapide qui font, presque quotidiennement, le service des courriers entre Alger et Marseille.

Il n'est pas sans intérêt d'ajouter que la culture des primeurs ne fournit pas seulement des revenus importants à ceux qui s'y livrent; elle procure encore des salaires à des ouvriers, à des femmes, à des enfants pour le triage et l'emballage des produits. Elle alimente un commerce d'accessoires : caisses, paniers, barils, papiers de pliage et d'enveloppes, étiquettes, ficelles et liens, etc. Enfin elle assure un important trafic aux compagnies de navigation et de transports.

La richesse du Sahel d'Alger ne réside pas exclusivement dans la culture. Elle est faite aussi, pour une bonne part, par les nombreuses campagnes de plaisance, les villas luxueuses qu'elle renferme et dont le nombre s'accroît chaque jour.

La population du Sahel d'Alger a, à peu près, doublé dans ses vingt dernières années, ainsi que l'établissent les recensements quinquennaux dont voici les résultats :

	1881	1891	1896	1901
Français	6.174	9.031	11.082	12.037
Étrangers	7.230	8.798	8.818	10.735
Indigènes	4.952	5.983	7.155	7.355
TOTAUX	18.356	23.812	27.055	38.127

ALGER. — TYPOGRAPHIE ADOLPHE JOURDAN. — ALGER.

www.ingramcontent.com/pod-product-compliance
Lightning Source LLC
Chambersburg PA
CBHW071439060426
42450CB00009BA/2241